Yoemas

Desamores de una adolescente

Lucía Vargas

ISBN: 9798848604399

DEDICATORIA

A M. J. Q., inspiración oportuna
A los amores que pretendimos sufrir

CONTENIDO

SEPTIEMBRE ....

NOVIEMBRE ....

ENERO ....

MARZO ....

AGOSTO, OTRA VEZ AGOSTO ....

GÉNESIS ....

DOS SOLEDADES ....

AL FINAL DE LA SENDA ....

DUELO DE INVIERNO ....

QUE SE JODA EL FOLIO ....

ANONIMATO ....

SEPTIEMBRE

Septiembre era una palabra ácida,
Una fluctuación oscura dentro del tiempo,
Un presagio negro sobre nosotros.
No nos importó, había tiempo.
Tiempo para olvidar, para correr,
Para aprender el olvido.
Era mentira, no había espacio
En los días para nosotros,
Sólo una grieta de placer a las volandas.
Pero lo enfrentamos juntos
Mientras nos perseguía el calendario.

Nos hicimos la cura contra el miedo

En los lienzos inmortales de Picasso,

En los versos antológicos de Ballagas,

En los acordes de Silvio y de Sabina.

Hoy es septiembre, deformando voces.

Todavía intentamos matar el tiempo

Jugando a realidades de agosto,

Pero ya septiembre nos duele en el aire.

“Suerte”, y su voz congela,

Se filtra torcida a través de su coraza

Que lo envuelve todo

Y no me deja verlo llorar.

NOVIEMBRE

Soy un puñado de nervios

Ramificados en torno a tu garganta,

Henchido con tus erupciones

Y anémicos con tus silencios volubles.

Ya no sé qué espero de tus albas tardías,

O de tus encantos letrados,

O más exactamente de ti, así desnudo.

"Hoy" es un signo incierto,

El "mañana" tal vez ni exista,

Pero vale la pena grabarme en tu blancura,

O quemarte con mi tez mulata

Mientras alumbras mis atributos

A la luz incandescente de tus sonrisas.

Vale la pena ser loca, rara, ingenua

Si cada fin de semana vas a estar ahí,

Esperando con tu falso estoicismo

Para estallar sobre mí, dentro de mí

Y decirme en un susurro inútil:

“Te extrañé mucho esta semana”

A M. J.

Ayer estuvo Dios en mi cama prestada, que es casi mía como es casi de él. Lástima que solo fuera otro disfraz de mierda.

ENERO

"Cómo no te me quitas
de las ganas..."

Puedo sentir por ti cualquier cosa.
La que muestro con tu corazón entre mis dedos:
odio.
La que arde todavía en los suburbios de mi
intimidad: ¿amor?
La que todos acarician en mi hombro con la palma
de la mano: despecho.
O la que debería quedar y nunca queda:
indiferencia.

Puedo sentir, naturalmente, que se me crispan los sentidos si le hablas con tu pupila viuda a otros senos, o sentir que no sientas lo que siento, o así de simple, pretender un manantial puro en el centro de mi angustia.

En estos días ciegos puedo sentir cualquier cosa, incluso la rabia sorda que escurren las derrotas no peleadas, la añoranza de los nervios que causabas o una terrible nostalgia de ti más todo.

Lo que sea.

Puedo sentir que no me importas o que repto de dolor entre el oscuro cieno de la incertidumbre, o que llevo dentro mil cosas descompuestas que olvidé darte.

Puedo sentirlo todo y manejarlo todo con la fría destreza que supongo corresponde.

Lo que no puedo sentir, lo que no debo sentir, pero siento sin remedio, son las ganas. Estas ganas turbias.

Lo que no quiero sentir son estas impúdicas urgencias de la carne, el hambre insaciable de la tuya.

Lo que no puedo manejar es el ansia que te sobrevive, que aún te espera, que ronronea en lo más bajo de mi vientre y me arrastra a una espiral de onanismos a tu nombre.

A M. J.

Si me sobrara el tiempo lo perdería gustosamente contigo, pero ya amanece el final de otros versos en mi ventana. Ya nadie como tú para ahogar mis letras en el fondo de tu ira.

MARZO

Tu ausencia no se trata de mi nostalgia o de la tuya, del hueco inmundo que dejaste en mi futuro.

Tu ausencia no duele los sábados por la tarde, ni las noches de cangrejos afortunados.

No molesta como una piedra en el zapato ni espera en vano el gemido del teléfono.

No se trata de los poemas que se me quedaron sin decir en los bolsillos.

Tu ausencia no es un camino inevitable al centro de la angustia, no es el ciego gusanillo que nos muerde a los cobardes.

No se trata de eso. De los días inmortales, sin medida; de los astros perdidos en el tiempo. No es eso.

Tu ausencia no se trata de la estatua muda de tu huida en mi memoria, ni de las letras que se han quedado sin camino, de esta poesía estrafalaria que me brota por los poros.

Es, simplemente, que ausencia es una palabra oscura y triste, que arde, y no soporto tenerla pegada a las pestañas.

AGOSTO, OTRA VEZ AGOSTO

"La meta es el olvido.
Yo he llegado primero."

Tienes razón. A veces pisoteamos la dicha, solo pasamos a su lado sin mirar.

Tu cuarto, aquí a la izquierda, está vacío. Dejaste la lámpara apagada para invocar el olvido, clavaste tu noche en el espejo para quemar las naves del regreso.

Y yo tan sola con mi tragedia de amor y mi desconcierto.

No pude conservar vivo tu espacio en la escalera, ni tu sombra detrás de cada verso, ni el trazo de tus uñas en mi ombligo.

Nada queda en el lugar de tu partida, sólo un cráter, tu contorno, la horma abandonada de tu estatua.

Ni siquiera me quedaron letras para cantar tu duelo. ¿Quién eres, después de todo? ¿Pasaste por mi vida alguna vez, o fue sólo un espejismo de esos?

A veces pisoteamos la dicha. Pasamos a su lado sin mirar y le damos la espalda.

A Libanis M. Hardy
Por tanta dulzura

GÉNESIS

Puede ser que mañana sepa.

Hoy no, no conozco la magnitud

De lo que se forma, ni siquiera sé

Si se forma algo o son sombras

Terribles de mi dolor casi muerto.

No lo sé.

Mañana tal vez pueda deshacerme

De mis ojos y mirar a través de tus espejos.

Quizás pueda profanarme las manos

Sin miedo, sin pena, sin el pavor incurable

A perder la apuesta de nuevo.

Hoy no.

Tómame la mano, háblame, ¿espérame?

Puede que esperes en vano.

Yo no puedo decirte, nunca aprendí a mentir.

Por lo tanto, si puedes espera, si no,

Corre, huye, y cúbrete los oídos

Para que no me escuches llorar después.

DOS SOLEDADES

Tu ausencia suma dos soledades y un aguacero.
Me muerde las sienes todo el tiempo,
Se reinventa de formas novedosas hasta
Dar con una estocada de hielo en mi paciencia.

Si fueran iguales nuestras ausencias
Quizás podrían compararse nuestras soledades.
Quisiera verlas juntas, medirlas, enfrentarlas.
Tu ausencia y la mía en un duelo de angustias.

De largo la tuya, de blanco la mía,
Incierta y agridulce y benévola,

Pero la tuya, ¡ay, la tuya!
¡Qué tirana, qué indecente, qué voluble!

Me somete al espejismo de tu encuentro
Y me hallo sonámbula en los cafés del barrio
Resucitando diálogos en pausa, caricias a medias,
Invocando eternamente al teléfono.

Si fueran iguales nuestras ausencias
Podría apretar aquí en el cuenco de mi mano
La victoria, la certeza de que nada
Se moverá en tu mundo hasta que llegue.

AL FINAL DE LA SENDA

¿Y si después de tanto bregar
Se nos queda en blanco el futuro
Y en negro la esperanza?

Ya no seríamos TÚ Y YO
Como una cofradía de soñadores.
Serías TÚ, desterrado de todo.
Sería YO en medio del vacío,

¿Y si después de tanta senda
El invierno deshoja nuestros sueños
Y no hay luz en el rictus de mi boca,
Y está oscuro el friso de tu frente?

Ya no sería cómplice la noche
Del aquelarre de amor en nuestra cama.
Sería YO la espina de una rosa.
Serías TÚ la frialdad de un aguacero.

Lo dejé con el beso de la despedida sangrando aún en la frente, con un por qué a la deriva entre los dedos, con la esperanza de un quizás allí en los ojos.

Lo dejé con la nervadura de mi corazón pegada a su espalda, con mi reserva de lágrimas guardada en el armario. Se nos quedó en blanco el futuro y en negro la esperanza.

¿Qué hacer cuando las rosas se quedan sin espinas y el rocío no hace posos en sus hojas? ¿Cómo escoger el camino entre el sendero calmo y la estepa que nos ofrece mil visiones?

Lo abandoné en el pantano de mis dudas, en el bosque vacío de mis pasos.

¿Qué hacer para aliviarme de esta culpa?

A J.R.B.
Porque nada jugó
a nuestro favor

DUELO DE INVIERNO

Y lo esperé. ¡Qué tonta!

¡Cómo si existieran los milagros!

Él me dijo: yo vuelvo

Y yo me quedé esperando.

Entonces fue el vértigo,

Luego las noches, y luego sus ojos

Alumbrando mis sueños.

Fue la luna, cruel espejo,

Y la cama desnuda, el teléfono mudo,

El rock n´roll y el cielo,

Y toda esa mierda cursi

Que mientras no duele es mierda,

Y cuando duele es la cúspide

De la nostalgia y el miedo.

Después fue el vacío, sí, el vacío

El hueco de sus manos en mi talle

La trampa brutal de la memoria

La nada, que duele más que el todo.

Lo eterno, pesa menos que lo efímero.

Y la garita ajena, el pasillo borrado.

Y yo sola con la mesa y el platillo.

Y entonces fue otra vez el mundo,

El infinito y la estupidez humana.

Y entonces otra vez a girar la Tierra.

QUE SE JODA EL FOLIO

El amor se va y llega la poesía,
Como un buitre esperando por sus muertos.
Llega fiel y oronda, ríspida,
Con su sarta de adjetivos inútiles,
De verbos grises que pintan los despueses
Y versos en desorden que lloran a la historia.

¡Maldita la poesía que despierta cuando más se le
agradece,
Pero menos se le quiere!

El amor se va, si es que estuvo,
Si es que existe algo tan fuerte,
Se va, se esfuma, se evapora, se muere,
Se transforma en leyes oscuras y rituales aburridos,
En gritos mudos, en deber inaplazable,
En cosas, así de vulgar, en cosas.

Y uno se pregunta adónde fueron las mariposítas,
Por qué están secas las manos,
Por qué el día no amanece y termina como antes.

Entonces, claro, le echas mano a ella.
Tomas un folio y vas poniendo sobre él los trozos,
Las astillas, las cenizas, los suspiros macerados.
Emborronas la cuartilla con recuerdos y rencores,
Ofrendas los adioses repetidos, las lágrimas
podridas.
Vas poniendo tu rabia en cada letra,
Hasta que surge monstruoso tu poema,
Tu poema malo, estrafalario, triste, negro.

Después respiras a gusto, libre de insomnios,
Libre de letras, libre de penas.
Que se joda el folio.

ANONIMATO

No pertenezco a ningún lugar.
Soy como el agua, que toma la forma de aquello
Que la mece.
No pertenezco a nadie.
Soy como la flor que abre feliz sus pétalos
Todas las mañanas.

Soy la sombra que se desdibuja en las aceras,
El viso de luz que se filtra entre dos rosas,
Soy el suspiro tenue del amante que espera
Entre las nubes.

No respiro, no ocupo espacio, no soy…
Hasta que me llega el momento supremo de existir
Para otros ojos.

No pertenezco a ningún lugar.
No pertenezco a nadie.

Soy como la estrella que sonríe allá en lo oscuro,

Siempre en lo oscuro.
Tengo en mis huesos la virtud de no ser nada,
Y serlo todo.

Llevo en la piel el privilegio de unos pocos.
Hasta que alguien, más cauteloso,
Descubre entre el rocío fresco mis huellas invisibles,
Y señala jubiloso sobre la tierra húmeda
El hallazgo,
Y llama eufórico al resto perplejo que se inclina,
Y no ve más que otro espacio desnudo
Entre las hojas.

www.ingramcontent.com/pod-product-compliance
Lightning Source LLC
LaVergne TN
LVHW020543160826
845677LV00015B/4169

* 9 7 9 8 8 4 8 6 0 4 3 9 9 *